Illustrations originales Christian Lacroix.

LACROIX
TEA
IN LONDON

Christian Lacroix

Christian Lacroix

Christian Lacroix

Christian Lacroix

Christian Lacroix

Christian Lacroix

Christian Lacroix

Christian Lacroix

Christian Lacroix

Christian Lacroix

Christian Lacroix

Christian Lacroix

Christian Lacroix

Christian Lacroix

Christian Lacroix

Christian Lacroix

Christian Lacroix

Christian Lacroix

Christian Lacroix

Christian Lacroix

Christian Lacroix

Christian Lacroix

Christian Lacroix

Christian Lacroix

Christian Lacroix

Christian Lacroix

Christian Lacroix

Christian Lacroix

Christian Lacroix

Christian Lacroix

Christian Lacroix

Christian Lacroix

Christian Lacroix

Christian Lacroix

Christian Lacroix

Christian Lacroix

Christian Lacroix

Christian Lacroix

Christian Lacroix

Christian Lacroix

Christian Lacroix

Christian Lacroix

Christian Lacroix

Christian Lacroix

Christian Lacroix

Christian Lacroix

Christian Lacroix

Christian Lacroix

Christian Lacroix

Christian Lacroix

Christian Lacroix

Christian Lacroix

Christian Lacroix

Christian Lacroix

Christian Lacroix

Christian Lacroix

Christian Lacroix

Christian Lacroix

Christian Lacroix

Christian Lacroix

Christian Lacroix

Christian Lacroix

Christian Lacroix

Christian Lacroix

Christian Lacroix

Christian Lacroix

Christian Lacroix

Christian Lacroix

Christian Lacroix

Christian Lacroix

Christian Lacroix

Christian Lacroix

Christian Lacroix

Christian Lacroix

Christian Lacroix

Christian Lacroix

Christian Lacroix

Christian Lacroix

Christian Lacroix

Christian Lacroix

Christian Lacroix

Christian Lacroix

Christian Lacroix

Christian Lacroix

Christian Lacroix

Christian Lacroix

Christian Lacroix

Christian Lacroix

Christian Lacroix

Christian Lacroix

Christian Lacroix

Christian Lacroix

Christian Lacroix

Christian Lacroix

Christian Lacroix

Christian Lacroix

Christian Lacroix

Christian Lacroix

Christian Lacroix

Christian Lacroix

Christian Lacroix

Christian Lacroix

Christian Lacroix

Christian Lacroix

Christian Lacroix

Christian Lacroix

Christian Lacroix

Christian Lacroix

Christian Lacroix

Christian Lacroix

Christian Lacroix

Christian Lacroix